I0606321

FAITS POUR SURVIVRE

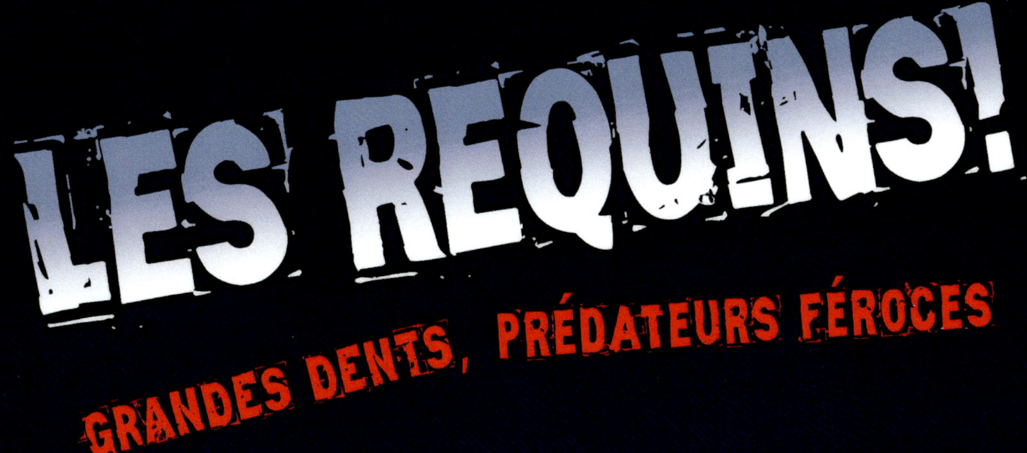

Nicola Lopetz

Un livre de la collection
Les jeunes plantes de Crabtree

TABLE DES MATIÈRES

Des requins, des requins partout! 4
Qu'est-ce qu'un requin? 8
Des chasseurs féroces 16
Des requins à l'apparence étrange 20
Glossaire 23
Indice 23

DES REQUINS, DES REQUINS PARTOUT!

Il y a des requins dans tous les océans de la Terre.

Les requins-bouledogues peuvent vivre dans les rivières d'eau douce ET dans l'océan salé.

Les requins nageaient dans nos océans bien avant que les dinosaures parcourent la Terre!

Il existe des centaines de types de requins.

Le requin-baleine est le plus gros de tous les requins. Il peut atteindre une longueur de 40 pieds (12 mètres)! Ce gentil géant mange du plancton.

Le sagre elfe pourrait être le plus petit de tous les requins. À sa taille adulte, il mesure environ 8 pouces (20 cm) seulement.

QU'EST-CE QU'UN REQUIN?

Le requin est un poisson. Un poisson est un animal qui vit dans l'eau et qui a des nageoires, des **branchies** et des écailles.

La peau des requins est rude au toucher, comme du papier sablé, parce que ses écailles sont comme de toutes petites dents.

Le corps du requin-tigre est strié de rayures. Ces marques disparaissent quand le requin devient plus vieux.

Les nageoires des requins sont dures. Les requins les utilisent pour se déplacer rapidement dans l’eau.

Le mako est le plus rapide de tous les requins.

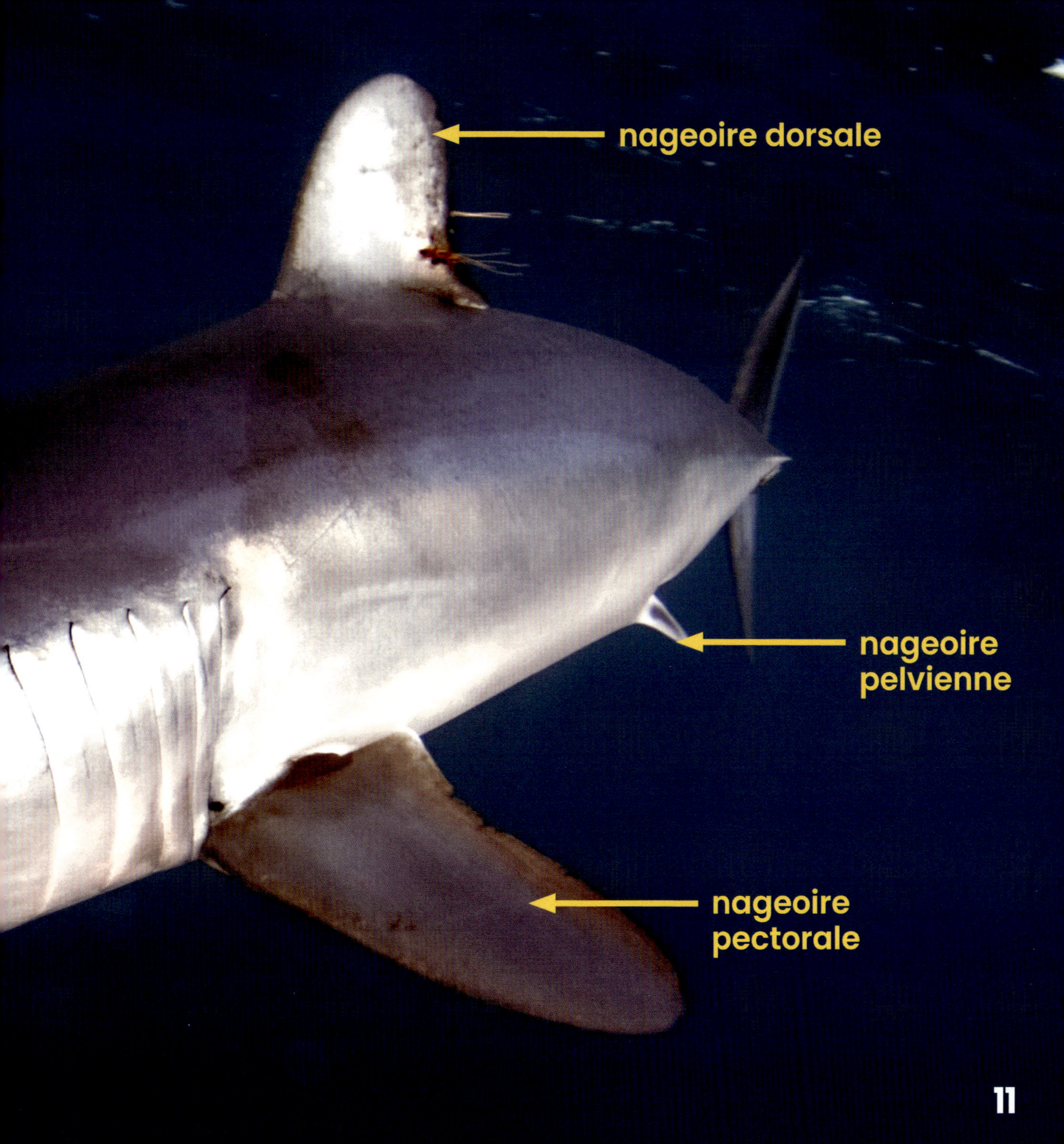
nageoire dorsale
nageoire pelvienne
nageoire pectorale

La queue d'un requin est appelée la nageoire caudale. La nageoire caudale est différente chez toutes les **espèces** de requins.

Le renard marin se sert de sa longue et puissante nageoire caudale pour tuer ses **proies**.

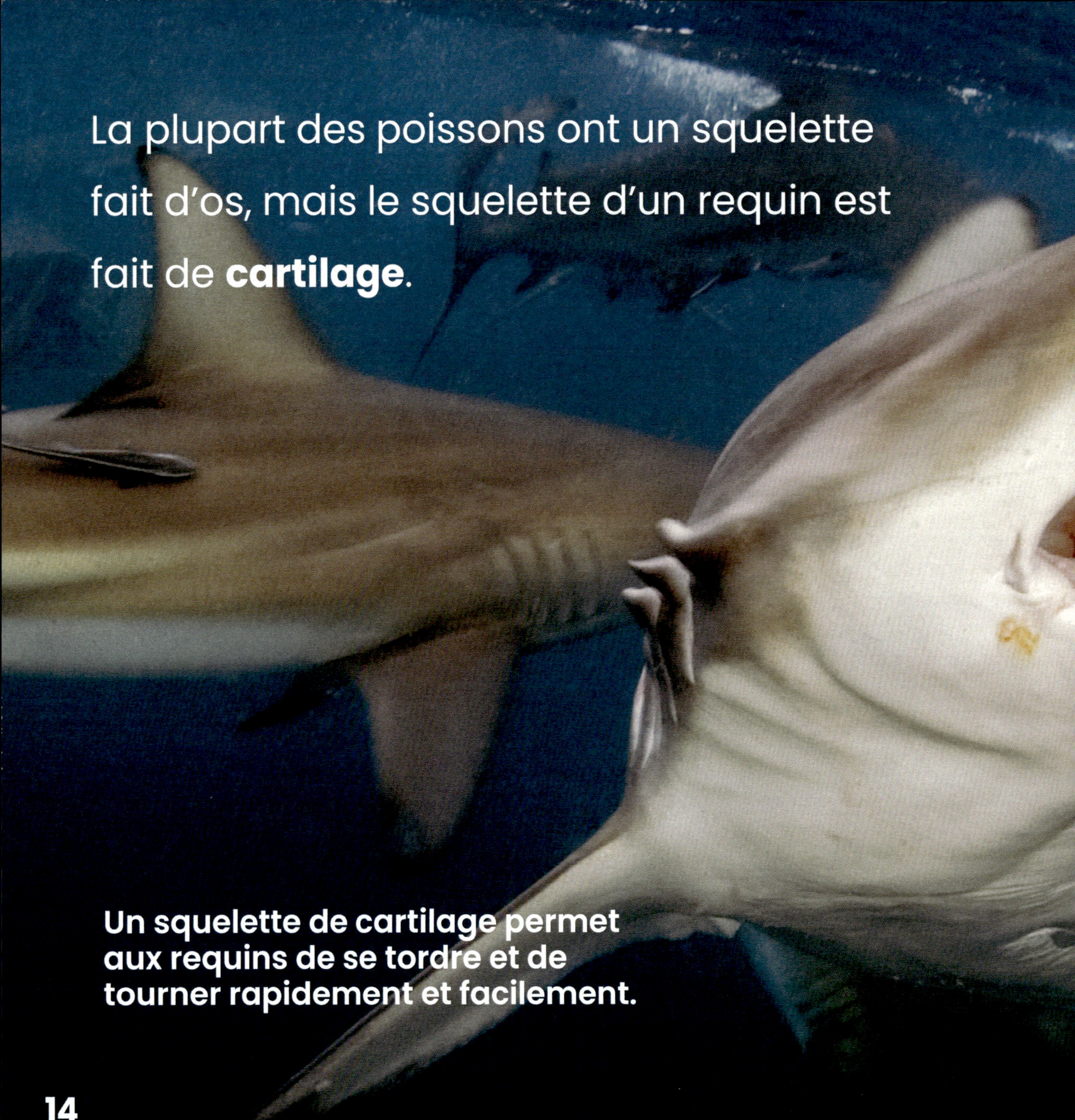

La plupart des poissons ont un squelette fait d'os, mais le squelette d'un requin est fait de **cartilage**.

Un squelette de cartilage permet aux requins de se tordre et de tourner rapidement et facilement.

requin bordé

DES CHASSEURS FÉROCES

Les requins ont plusieurs rangées de dents.

Un grand requin blanc peut avoir jusqu'à 300 dents irrégulières triangulaires.

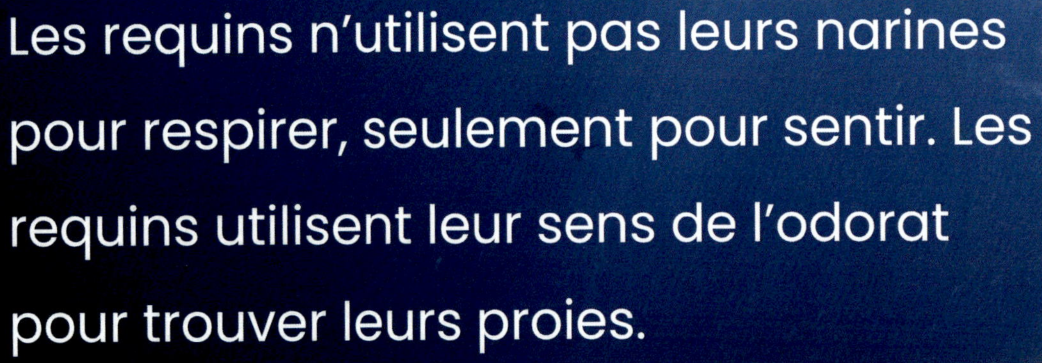

Les requins n'utilisent pas leurs narines pour respirer, seulement pour sentir. Les requins utilisent leur sens de l'odorat pour trouver leurs proies.

Le sens de l'odorat du requin est très puissant.

Certains requins
peuvent sentir une
seule goutte de sang
dans des millions de
gouttes d'eau dans
l'océan.

DES REQUINS À L'APPARENCE ÉTRANGE

Des parties du corps de certains requins sont très étranges ou ont des motifs particuliers qui les aident à **survivre**.

Le requin-marteau a un champ de vision plus large, parce que ses yeux sont très éloignés. Cela lui donne une meilleure chance de trouver des proies.

Certains requins utilisent le **camouflage** pour se cacher des proies jusqu'à ce qu'ils soient prêts à attaquer.

Le requin-tapis tacheté se sert du camouflage pour se fondre aux rochers, au sable ou au corail au fond de l'océan.

branchies (bran-chi) : Organes sur les flans des poissons; Les poissons respirent par leurs branchies.

camouflage (ca-mou-flaj) : Motif ou revêtement qui se fond dans l'environnement de l'animal

cartilage (car-ti-laj) : Tissu solide et souple; Tes oreilles sont faites de cartilage

espèces (ès-pesse) : Un certain type d'animal dans un groupe; Le requin-marteau est une espèce du groupe des requins.

proies (proa) : Des animaux qui sont chassés et mangés par d'autres animaux

survivre (sur-vi-vre) : Rester en vie

INDICE

branchies 8
camouflage 22
cartilage 14
dents 16, 17
espèces 12
nageoire(s) 8, 10, 11, 12
narines 18
odorat 18
poissons 8, 14
proie(s) 13, 18, 20, 22
queue 12
squelette 14

Soutien de l'école à la maison pour les parents, les gardiens et les enseignants

Ce livre aide les enfants à se développer grâce à la pratique de la lecture. Voici quelques exemples de questions pour aider le lecteur ou la lectrice à développer ses capacités de compréhension. Les suggestions de réponses sont indiquées en rouge.

Avant la lecture

- **De quoi ce livre parle-t-il?** *Je pense que ce livre parle des requins et de leurs grandes dents. Je pense que ce livre parle des requins qui sont des chasseurs féroces.*
- **Qu'est-ce que je veux apprendre sur ce sujet?** *Je veux apprendre combien d'espèces différentes de requins existent. Je veux savoir si les requins mangent les gens.*

Pendant la lecture

- **Je me demande pourquoi...** *Je me demande pourquoi la peau des requins est rude comme du papier sablé. Je me demande pourquoi le squelette des requins est fait de cartilage et non d'os.*
- **Qu'est-ce que j'ai appris jusqu'à présent?** *J'ai appris que les requins ont plusieurs rangées de dents. J'ai appris que quand un requin perd une dent, une autre pousse et la remplace.*

Après la lecture

- **Nomme quelques détails que tu as retenus.** *J'ai appris que le champ de vision des requins-marteaux est plus large parce que leurs yeux sont très éloignés, ce qui leur donne une meilleure chance de trouver des proies. J'ai appris que certains requins peuvent sentir le sang à une grande distance.*
- **Lis le livre à nouveau et cherche les mots du glossaire.** *Je vois le mot* ***branchies*** *à la page 8 et le mot* ***cartilage*** *à la page 14. Les autres mots du glossaire se trouvent à la page 23.*

Crabtree Publishing

crabtreebooks.com 800-387-7650

Version imprimée du livre produite conjointement avec Blue Door Education en 2022.

Auteur : Nicola Lopetz
Traduction : Annie Evearts

Références photographiques : Couverture ©shutterstock.com/ Jim Agronick; p. 2-3: istock.com/ VictorHuang, toutes les autres images proviennent de Shutterstock.com : p. 4-5 et couverture arrière © Fiona Ayerst; graphique de la case des faits sur les requins Pedro Nogueira; p. 6-7 © kaschibo; p. 8-9 © Greg Amptman; p. 10-11 © Dray van Beeck; p. 12-13 © nicolas.voisin44; p. 14-15 © Elsa Hoffmann; p. 16-17 © frantisekhojdysz; p. 18-19 © Greg Amptman; p. 20-21 © Matt9122, photo en médaillon © Matt9122; p. 22 © Nazir Erwan Amin

Imprimé au Canada/032024/CPC20240301

Publié au Canada par Crabtree Publishing
616 Welland Avenue
St. Catharines, Ontario
L2M 5V6

Publié aux États-Unis par Crabtree Publishing
347 Fifth Avenue
Suite 1402-145
New York, NY 10016

Paperback 978-1-0396-0818-4
Ebook (pdf) 978-1-0396-0824-5
Epub 978-1-0396-0830-6
Read-along 978-1-0398-0332-9
Audio book 978-1-0396-6663-4

Catalogage avant publication de Bibliothèque et Archives Canada
Titre: Les requins! : grandes dents, prédateurs féroces / Nicola Lopetz ; texte français d'Annie Evearts.
Autres titres: Sharks! Big Teeth, Fierce Hunters. Français.
Noms: Lopetz, Nicola, auteur.
Description: Mention de collection: Faits pour survivre | Les jeunes plantes de Crabtree | Traduction de : Sharks! | Comprend un index.
Identifiants: Canadiana (livre imprimé) 20210263547 | Canadiana (livre numérique) 20210263601 | ISBN 9781039608184 (couverture souple) | ISBN 9781039608245 (HTML) | ISBN 9781039608306 (EPUB)
Vedettes-matière: RVM: Requins—Ouvrages pour la jeunesse. | RVM: Animaux—Armes—Ouvrages pour la jeunesse. | RVMGF: Documents pour la jeunesse.
Classification: LCC QL638.9 .L6614 2022 | CDD j597.3—dc23